Kinderfragen für Erstleser

DINOSAURIER

Bildnachweis:

www.shutterstock.com: S. 3 o. (Devita ayu silvianingtyas), S. 3 u. (Dotted Yeti), S. 4 (Warpaint), S. 5 o. (metha1819), S. 5 2. v.o., u. (Olga Utchenko), S. 5 3. v.o. (Ohita Fiction), S. 5 4. v.o., 3. v.u. (Nadzin), S. 5 2. v.u. (COSMOGORILA), S. 6–15 o. (Olga Utchenko), S. 6 u. (Warpaint), S. 7 u. (Catmando), S. 8 u. (Michael Rosskothen), S. 9 u. (Antracit), S. 10 u. (Marco Foto), S. 11 u. (Catmando), S. 12/13 Deinonychus, T-Rex, Quetzalcoatlus (Warpaint), Elefant (Zastolskiy Victor), Brachiosaurus (Ton Bangkeaw), Triceratops (freestyle images), Mensch (Sammy33), Compsognathus (Dotted Yeti), S. 14 m. (Warpaint), S. 14 u. (Elenarts), S. 15 u. (Daniel Eskridge), S. 16 o., 26 o., 38 o., 46 o., 52 o., 62 o. (Devita ayu silvianingtyas), S. 17 o., 27 o., 39 o., 47 o., 53 o., 63 o. (vectorplus), S. 18–25 o. (Ohita Fiction), S. 18 u. (Noiel), S. 19 m. (DM7), S. 19 u. (FOTOKITA), S. 20 u. (Warpaint), S. 21 u. (Anton_Ivanov), S. 22 u. (Catmando), S. 23 u. (rodos studio FERHAT CINAR), S. 24 u. (Orla), S. 25 u. (Daniel Eskridge), S. 28–37 o. (Nadzin), S. 28 u. (MVolodymyr), S. 29 u. (Dotted Yeti), S. 30 u. (Herschel Hoffmeyer), S. 31 u. (Daniel Eskridge), S. 32/33 (Herschel Hoffmeyer), S. 34 u. (Dotted Yeti), S. 35 u. (Michael Rosskothen), S. 36 u. (freestyle images), S. 37 m. (Suwat wongkham), S. 37 u. (YuRi Photolife), S. 40–45 o. (Nadzin), S. 40 u. (Warpaint), S. 41 u. (Esteban De Armas), S. 42 m. (Catmando), S. 42 u. (Warpaint), S. 43 u. (Denis---S), S. 44 u. (Michael Rosskothen), S. 45 u. (Daniel Eskridge), S. 48–51 o. (COSMOGORILA), S. 48 u. (Nick Greaves), S. 49 u. (rodos studio FERHAT CINAR), S. 50 u. (EQRoy), S. 51 u. (David Buzzard), S. 54–61 o. (Olga Utchenko), S. 54 u. (serpeblu), S. 55 u. (Elenarts), S. 56 u. (Denis---S), S. 57 u. (Dotted Yeti), S. 58 Herrerasaurus (Matis75), Eoraptor (3drenderings), Coelophysis, Diplodocus (Catmando), Plateosaurus (DM7), Brachiosaurus (Ton Bangkeaw), Stegosaurus (PixelSquid3d), Allosaurus (MattLphotography), Archaeopteryx (Herschel Hoffmeyer), S. 59 Quetzalcoatlus, Ankylosaurus (Warpaint), Triceratops (Hedzun Vasyl), Argentionosaurus, Spinosaurus (Herschel Hoffmeyer), Parasaurolophus (Daniel Eskridge), Tyrannosaurus Rex (metha1819), Deinonychus (Michael Rosskothen), S. 60 u. (Kateryna_Moroz), S. 61 u. (Catmando)

Baierbrunner Straße 27, 81379 München
Ausgabe 2023

Text: Svenja Ernsten
Redaktion: Felicitas Szameit
Fachredaktion: Heidi Schooltink
Produktion: Ute Hausleiter
Abbildungen: siehe Bildnachweis oben
Titelabbildungen: www.shutterstock.com/AmeliAU (Dinosaurier vorn), Devita ayu silvianingtyas (Satzzeichen), Dotted Yeti (Dinosaurier hinten)
Gestaltung: FSM Premedia, Münster
Umschlaggestaltung: FSM Premedia, Münster

ISBN 978-3-8174-4343-7
381744343/1

Besuchen Sie uns auf Instagram und Facebook:
circonverlag

www.circonverlag.de

Vorwort

Du liebst Dinosaurier und hast viele Fragen zu ihrem Leben und Aussterben? Möchtest du wissen, wann und wie die Dinosaurier lebten? Welche verschiedenen Saurier es gab? Welcher Dino der größte und welcher der schnellste war? Hier erfährst du alles über die ausgestorbenen Tiere.

Und das Beste: Du kannst dabei das Lesen üben! Auf Quizseiten kannst du überprüfen, ob du alles richtig verstanden hast.

Viel Spaß beim Lesen und Rätseln!

Inhalt

Was bedeutet „Dinosaurier“?

Dinosaurier bedeutet übersetzt „schreckliche Echse“. Die ausgestorbenen Tiere gehören wie Eidechsen, Krokodile und Schildkröten zu den Reptilien oder Kriechtieren.

Was ist der Unterschied zwischen Dinosauriern und Reptilien?

Giganotosaurus lief auf zwei Beinen.

Wenn du die Dinosaurier mit den heutigen Reptilien vergleichst, gibt es einen wichtigen Unterschied: Bei den Reptilien sind die Beine an der Seite des Körpers. Bei den Sauriern befanden sie sich dagegen unter dem Körper. Dadurch konnten die Tiere vermutlich schneller und ausdauernder laufen als Reptilien. Sie bewegten sich auf zwei oder vier Beinen vorwärts.

Wann lebten die Dinosaurier?

Die ersten Saurier lebten im Erdmittelalter. Damals gab es noch keine Menschen auf der Erde. Diese Zeit wird in drei Abschnitte eingeteilt: Trias, Jura und Kreidezeit.

Die ersten Dinos lebten vor 230 Millionen Jahren, im Trias. Auf der Erde war es warm und trocken. Die Dinosaurier waren zunächst eher klein. Im Jura war das Klima feuchter und es wuchsen viele Pflanzen. Dadurch konnten sich viele auch große pflanzenfressende Dinos entwickeln. In der Kreidezeit lebten Dinosaurier aller Arten und Größen. Zum Ende der Kreidezeit, vor 66 Millionen Jahren, starben die Dinos schließlich aus.

Brachiosaurus lebte im Jura.

Welche Dinosaurierarten gab es?

Es gab verschiedene Sauriergruppen: Dinosaurier an Land, Meeressaurier und Flugsaurier. Streng genommen zählen nur die Saurier an Land zu den Dinosauriern. Bis heute wurden über 700 verschiedene Arten entdeckt. Manche waren so groß wie ein Hochhaus mit sechs Stockwerken, andere waren so klein wie ein Huhn.

Einige Dinosaurier hatten besonders starke Hinterbeine, andere lange Hälse. Es gab Dinos mit vielen Zähnen. Andere hatten ein Maul, das an einen Entenschnabel erinnert. Es gab auch Dinos mit Panzern, Hörnern oder Stacheln. Und immer noch werden neue Arten entdeckt!

Deinonychus ist bekannt für seine scharfen Krallen. Sein Name bedeutet „Schreckenskralle“.

Waren Dinosaurier Einzelgänger?

Vor allem Dinos, die sich von Pflanzen ernährten, zogen häufig gemeinsam umher. In der Gruppe konnten sie sich besser vor Feinden schützen.

Auch einige Fleischfresser jagten gemeinsam. Man nimmt an, dass zu ihnen Velociraptor gehörte. Der pflanzenfressende Triceratops war dagegen eher ein Einzelgänger, da von diesen Tieren bisher keine Ansammlungen von Skeletten gefunden wurden. Auch von dem fleischfressenden T-Rex nahm man bisher an, dass er allein lebte. Neuere Funde lassen aber darauf schließen, dass die Tiere teilweise auch gemeinsam auf Jagd gingen.

Wie vermehrten sich die Dinos?

Die Dinosaurier legten Eier. Einige buddelten eine Grube in den Sand und legten dort ihre Eier hinein. Andere legten Nester an. Forscherinnen und Forscher vermuten, dass manche Dinosaurier ihre Eier auch ausbrüteten.

Nest mit frisch geschlüpften T-Rex-Babys

Wie sahen die Jungen aus?

Die Jungen schlüpften aus Eiern. Obwohl sie im Vergleich zu ihren Eltern winzig klein waren, sahen sie ihnen schon sehr ähnlich. Sie waren wie eine kleine Kopie ihrer Eltern. Bei vielen Arten konnten die Babys direkt laufen, hören und sehen. Sie konnten so auch schon gut selbst überleben.

Kümmerten sich die Eltern um ihre Kinder?

Viele Reptilien verlassen die Eier nach dem Ablegen. Wie war das bei den Dinos? Forscherinnen und Forscher fanden ein Skelett von einem weiblichen Dinosaurier mit älteren Jungen. In der Nähe wurden noch weitere Nester mit Eiern und Resten von Eiern gefunden.

Maiasaura mit Kindern

Es gab also Arten, die sich nach der Geburt noch länger um ihre Kinder gekümmert und sie gefüttert haben. Und sie brüteten in Gruppen. Der gefundene Saurier wurde Maiasaura genannt. Das bedeutet „Gute-Mutter-Echse“.

Wie groß waren die Dinosaurier?

Hier siehst du die Größen verschiedener Dinos im Vergleich untereinander und mit einem Elefanten und einem Menschen. Beeindruckend, oder?

T-Rex
Fleischfresser

Deinonychus
Fleischfresser

Quetzalcoatlus
Flugsaurier
Brachiosaurus
Pflanzenfresser
Triceratops
Pflanzenfresser
Compsognathus
Fleischfresser

Warum hatten Dinosaurier Schwänze?

Viele Dinos hatten lange Schwänze. Der lange Schwanz half dem Dinosaurier, beim Laufen das Gleichgewicht zu halten.

Bei den meisten Dinos bestand der Schwanz aus vielen Wirbeln. So war er sehr beweglich. Der Diplodocus hatte einen Schwanz, der aus 80 Wirbeln bestand.

Diplodocus

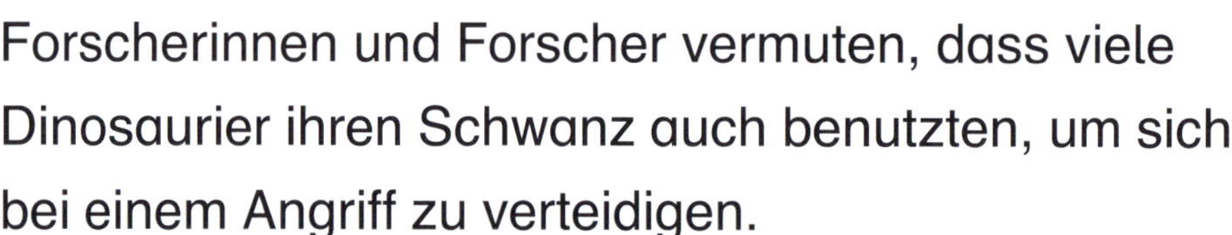

Forscherinnen und Forscher vermuten, dass viele Dinosaurier ihren Schwanz auch benutzten, um sich bei einem Angriff zu verteidigen.

Apatosaurus mit Peitschenschwanz

Hatten Dinosaurier Waffen?

Bei einigen Tieren, beim Ankylosaurus zum Beispiel, befanden sich Stacheln auf dem Schwanz. Wahrscheinlich benutzte der Pflanzenfresser seinen Schwanz wie eine Keule. So konnte er Raubsaurier in die Flucht schlagen oder sich bei Paarungskämpfen behaupten. Zusätzlich besaß er einen Panzer aus Knochenplatten. Dieser schützte ihn vom Kopf bis zum Schwanz wie eine kugelsichere Weste.

Hier siehst du Ankylosaurus mit seinen „Waffen“.

Andere Dinos verteidigten sich mit Hörnern gegen Angreifer oder waren durch Nackenschilde aus Knochen geschützt.

Wissensquiz

Was fehlt hier? Setze die richtigen Wörter ein.

Dinosaurier bedeutet übersetzt ______________________________. Die Dinosaurier bewegten sich auf zwei oder vier ______________ vorwärts. Das Erdmittelalter wird in ______________ Abschnitte unterteilt: Trias, ______________ und ______________. Wurde eine Herde von Dinosauriern angegriffen, nahmen sie ______________ Tiere in die Mitte. Die Babys der Dinosaurier sahen aus wie eine kleine ______________ ihrer Eltern.

Kopie jüngere schreckliche Echse

Beinen Kreidezeit drei Jura

Teste dein Wissen! Kreuze das richtige Kästchen an.

1. Wie unterschieden sich Dinosaurier von den Reptilien?

a) Ihre Beine sind hinter dem Körper. ☐

b) Ihre Beine sind unter dem Körper. ☐

c) Ihre Beine sind auf dem Kopf. ☐

2. Wann lebten die Dinosaurier?

a) im Marsmittelalter ☐

b) im Mondmittelalter ☐

c) im Erdmittelalter ☐

3. Warum lebten einige Dinosaurier in Herden?

a) Sie wärmten sich gegenseitig. ☐

b) So waren sie besser vor Feinden geschützt. ☐

c) Sie stellten sich aufeinander, um auch an hohe Pflanzen zu kommen. ☐

4. Wie vermehrten sich Dinosaurier?

a) Die Babys wuchsen im Bauch heran. ☐

b) Die Babys wuchsen im Beutel heran. ☐

c) Die Dinosaurier legten Eier. ☐

Lösungen: schreckliche Echse, Beinen, drei, Jura, Kreidezeit, jüngere, Kopie
1. b), 2. c), 3. b), 4. c)

Welche Tiere jagten die Fleischfresser?

Fleischfressende Dinos jagten häufig andere Dinos. Meist machten sie Jagd auf die Jungtiere, da diese einfacher zu fangen waren. Es gab auch Raubsaurier, die Insekten oder Eidechsen fraßen. Manche Arten jagten wahrscheinlich im Rudel. Denn einige Dinos verspeisten Tiere, die größer als sie selbst waren.

Fraß der Oviraptor wirklich Eier?

Oviraptor bedeutet „Eierdieb“. Da man seinen Schädel auf einem Nest mit Eiern fand, dachte man lange, er wollte die Eier klauen und essen. Doch inzwischen geht man davon aus, dass er auf seinem eigenen Nest saß und seine Eier bebrütete.

Oviraptor war gar kein Eierdieb.

Wie jagten die Dinosaurier ihre Beute?

Fleischfressende Dinos konnten gut riechen und hatten scharfe Augen. Vermutlich gingen einige Dinosaurier nicht nur am Tag, sondern auch in der Nacht auf die Jagd.

T-Rex war ein Jäger …

Die meisten fleischfressenden Dinosaurier liefen auf zwei Beinen. Einige Arten lauerten in einem Versteck, andere verfolgten ihre Beute. Schließlich hielten sie das Beutetier mit ihren scharfen Krallen fest oder packten es mit ihrem kräftigen Maul.

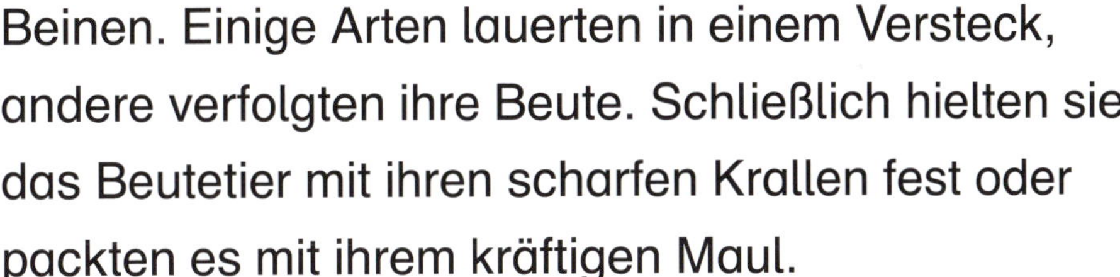

… und wurde auch selbst gejagt – hier von Velociraptoren.

Wie zerkleinerten Dinosaurier ihre Beute?

Die Fleischfresser hatten spitze, kräftige Zähne. So konnten sie auch große, feste Knochen zersplittern lassen und starke Sehnen durchbeißen.

Besonders der Tyrannosaurus Rex hatte eine unglaubliche Kraft. Er konnte doppelt so kräftig zubeißen wie ein Krokodil. Sein Schädel war sehr stabil und hielt diese Bisse gut aus. Mit seinem Kopf hätte er auch mit Leichtigkeit ein Auto zertrümmern können!

T-Rex war mit seiner Kraft und seinen scharfen Zähnen ein sehr gefährlicher Jäger.

Wie viele Zähne hatten die Dinosaurier?

Große Fleischfresser, wie der Allosaurus, hatten in etwa 70 Zähne. Im Kiefer der Tiere gab es oft mehrere Zahnschichten hintereinander, denn die Zähne wuchsen – wie bei Haien – nach. Das war praktisch, denn Raubsaurier verloren oft Zähne bei der Jagd.

Allosaurus hatte etwa 70 Zähne.

Der Pflanzenfresser Nigersaurus hatte sogar insgesamt 500 Zähne: 50 Zähne in bis zu zehn Reihen. Bei den pflanzenfressenden Dinosauriern nutzten sich die Zähne beim Kauen der Nahrung ab. Fiel ein Zahn aus, schob sich direkt ein neuer Zahn nach vorn. Es gab aber auch zahnlose Saurier.

Welche Pflanzen fraßen Dinosaurier?

Im Jura wuchsen immer mehr Pflanzen. Hierzu gehörten Nadelbäume. Diese hatten Ähnlichkeit mit heutigen Kiefern. Außerdem gab es Pflanzen mit Blättern wie Palmfarne und den Ginkgo. Am Boden wuchsen Moose und kleine Farne. Blumen mit bunten Blüten gab es noch nicht.

Warum hatten die Pflanzenfresser so lange Hälse?

Mit ihren langen Hälsen konnten die Dinosaurier Nahrung am Boden fressen. Außerdem konnten einige Arten auch die Blätter von hohen Bäumen pflücken. Der Hals von Brachiosaurus wurde bis zu neun Meter lang.

Es wird vermutet, dass die Dinosaurier zusätzlich ihre Vorderfüße hochnahmen, um an das leckere Grün zu kommen.

Stimmt es, dass Dinosaurier Steine fraßen?

In den Mägen von einigen Pflanzenfressern wurden Steine gefunden. Man vermutet, dass die Steine im Magen wie Mahlsteine einer Mühle arbeiteten und die Pflanzen zerkleinerten. Auch Strauße, die zu den Nachfahren der Dinos gehören, nutzen diesen Trick, um ihr Futter zu zerkleinern.

Manche Expertinnen und Experten glauben, dass die Pflanzenfresser Steine verschluckten, da diese wichtige Mineralien enthielten.

Wie viel Kilogramm fraß ein Dino am Tag?

Die größten pflanzenfressenden Dinosaurier waren fast den ganzen Tag auf Futtersuche. Forscherinnen und Forscher nehmen an, dass ein Brachiosaurus bis zu 400 Kilogramm Grünzeug am Tag fraß. Das ist etwa dreimal so viel, wie ein Elefant an einem Tag braucht.

Gab es auch Allesfresser?

In Argentinien wurde ein Dino gefunden, der Tiere und Pflanzen fraß. Vorn im Kiefer hatte er scharfe Reißzähne wie ein Fleischfresser. Die hinteren Zähne sahen wie Mahlzähne von einem Pflanzenfresser aus. Er bekam den Namen Panphagia protos. Das bedeutet „erster Allesfresser“.

Erlegte der T-Rex jeden Tag ein Tier?

Fleischfressende Dinos erbeuteten nicht jeden Tag ein Tier. Erlegte der T-Rex einen größeren Saurier, schlug er sich den Bauch richtig voll. Von dieser Mahlzeit konnte er sogar mehrere Wochen überleben! Man vermutet, dass er sich auch von toten Tieren ernährte.

Die Dinosaurier gingen nicht jeden Tag auf Jagd.

Warum hatten einige Dinos einen Entenschnabel?

Einige Saurier hatten ein Maul, das wie ein Entenschnabel aussah. Diese Tiere gehörten zu den Pflanzenfressern. Mit dem breiten Schnabel konnten sie gut die Blätter von Bäumen abzupfen. Vorn im Maul hatten sie keine Zähne, hinten im Maul besaßen sie breite Backenzähne zum Zermahlen der Nahrung.

Viele Entenschnabel-Dinos hatten lustige Kämme auf dem Kopf. Diese Kämme bestanden aus Knochen. Sie waren innen hohl und mit der Nase verbunden. Wahrscheinlich konnten die Tiere mit ihrem Kopfschmuck Töne erzeugen.

Wissensquiz

Was fehlt hier? Setze die richtigen Wörter ein.

Meist jagten Fleischfresser ____________.

Bei den Dinosauriern wuchsen die ____________ nach. Zur Zeit der Dinosaurier gab es am Boden Moose und ____________, aber keine ____________. In einigen Mägen von Pflanzenfressern fand man ____________. Das Maul von manchen Dinosauriern erinnerte an einen ____________. Dinosaurier, die Pflanzen und Tiere aßen, nennt man ____________.

Farne

Entenschnabel

Steine

Allesfresser

Zähne

Jungtiere

Blumen

Teste dein Wissen! Kreuze das richtige Kästchen an.

1. Was fraßen Fleischfresser?

a) Menschenaffen ☐

b) andere Dinosaurier, Eidechsen und Insekten ☐

c) Bären und Nagetiere ☐

2. Welche Dinosaurier hatten oft lange Hälse?

a) Fleischfresser ☐

b) Allesfresser ☐

c) Pflanzenfresser ☐

3. Welche Pflanzen fraßen Dinosaurier?

a) Gräser und Blumen ☐

b) Moos, Nadelbäume und Ginkgos ☐

c) Kakteen und Bambusblätter ☐

4. Wie viel Futter brauchte ein Pflanzenfresser am Tag?

a) dreimal so viel wie ein Elefant ☐

b) dreimal so viel wie ein Gorilla ☐

c) dreimal so viel wie eine Kuh ☐

Lösungen: Jungtiere, Zähne, Farne, Blumen, Steine, Entenschnabel, Allesfresser
1. b), 2. c), 3. b), 4. a)

Wie alt ist der älteste Dino?

Der älteste bekannte Dinosaurier ist der Eoraptor. Sein Name bedeutet „Räuber der Morgenröte“, da er zu Beginn des Zeitalters der Dinosaurier lebte. Im Vergleich zu den späteren Dinos war der Raubsaurier ziemlich klein. Er war nur ungefähr einen Meter lang, in etwa so hoch wie ein mittelgroßer Hund und wog zehn Kilogramm. Er bewegte sich auf zwei Beinen vorwärts.

Nachbildung eines Eoraptor-Babys

Seine Knochen wurden in Südamerika, im Tal des Mondes in Argentinien, gefunden. Sie verrieten, dass Eoraptoren vor 230 bis 225 Millionen Jahren gelebt hatten.

Wie groß war der größte Dinosaurier?

Der größte Dinosaurier war der Patagotitan mayorum. Er war in etwa 37 Meter lang und 70 Tonnen schwer – so viel wiegen fünf Linienbusse!

Wie klein war der kleinste Dinosaurier?

Lange Zeit dachte man, dass der Compsognathus der kleinste Dino war. Er war nur so groß wie ein Huhn. Inzwischen sind noch kleinere Dinos entdeckt worden. Dazu zählt Microraptor zhaoianus. Mit der Größenbestimmung der Arten ist es jedoch nicht einfach. Häufig sind keine ganzen Skelette erhalten. Zudem können die Skelette auch von Jungtieren stammen.

Compsognathus galt lange als kleinster Dino.

Welcher Dino war am längsten?

Der längste Saurier war vermutlich Supersaurus. Er hatte einen sehr langen Hals und einen langen Schwanz. Sein Kopf war im Vergleich dazu winzig. Insgesamt wird seine Länge auf über 35 Meter geschätzt. Das ist so lang wie drei Busse hintereinander! Er wog so viel wie acht Elefanten. Sein Schwanz war dagegen dünn wie eine Peitsche.

Wer hatte die längsten Krallen?

Therizinosaurus hatte an jeder Hand drei scharfe Krallen. Jede Kralle war über 70 Zentimeter lang. Eine Vermutung ist, dass Therizinosaurus diese zum Abschaben von Rinde oder Greifen von Ästen nutzte.

Vielleicht setzte Therizinosaurus seine Krallen auch zur Verteidigung ein.

Wer war der größte Fleischfresser?

Der T-Rex und der Giganotosaurus gehörten zu den größten fleischfressenden Dinosauriern. Der allergrößte Fleischfresser war allerdings der Spinosaurus.

Spinosaurus wurde bis zu 18 Meter lang und bis zu neun Tonnen schwer. Sein Erkennungszeichen war sein großes Hautsegel, das er auf dem Rücken trug. Seine Zähne erinnerten an Krokodilzähne. Spinosaurus konnte schwimmen und hielt sich vermutlich die meiste Zeit im flachen Wasser auf. Am und im Wasser jagte er nach Fischen und anderen Tieren.

Warum ist der Tyrannosaurus Rex so berühmt?

T-Rex ist einer der bekanntesten Dinosaurier. Sein Name bedeutet „König der Tyrannenechsen“. Sein Aussehen war furchterregend.

T-Rex hatte eine Körperlänge von zwölf bis 14 Metern.

Seine Hinterbeine waren lang und kräftig.

Seine Fußabdrücke waren bis zu einem Meter lang.

Sein Schädel war bis
zu 1,5 Meter lang.
Er hatte bis zu 60 spitze Zähne.
Ein Zahn konnte so lang werden
wie eine Banane.
Seine kurzen Arme hatten
jeweils zwei Krallen.

Wer war der langsamste Dino?

Einige Dinosaurier waren meist eher langsam unterwegs, etwa der Stegosaurus. Mit seinem großen, schweren Körper lief er langsamer als ein Mensch. Über kurze Strecken konnte er sprinten, aber auch dann erreichte er nur bis zu sieben Kilometer pro Stunde.

Wer war der schnellste Dino?

Der kleine Compsognathus konnte bis zu 64 Kilometer pro Stunde laufen – das ist in etwa so schnell, wie ein Strauß rennen kann. Er konnte so schnell laufen, weil er so lange, dünne Beine hatte. Außerdem war er ein Leichtgewicht. Er wog gerade mal drei Kilogramm.

Compsognathus: klein, aber schnell!

Was macht Stegosaurus so berühmt?

Stegosaurus erkennst du an seinen riesigen Platten auf dem Rücken. Die größten Platten waren bis zu 60 Zentimeter hoch. Welchen Sinn die Platten hatten, darüber diskutieren die Forscherinnen und Forscher seit vielen Jahren. Lange glaubte man, dass sie der Regulation der Körpertemperatur dienten. Vielleicht sollten sie Stegosaurus aber auch einfach nur größer machen.

Stegosaurus ist bekannt für seine Platten am Rücken und seine Stacheln am Schwanz.

Um sich bei Angriffen zu wehren, benutzte der Dinosaurier seine spitzen Stacheln am Schwanz. Ein kräftiger Hieb mit seinem Schwanz konnte tödlich sein!

Was ist das Besondere an Triceratops?

Am Ende der Kreidezeit gab es viele Horndinosaurier. Der Triceratops war mit neun Metern Länge der größte und gefährlichste. Hast du gewusst, dass sein Name „Dreihorngesicht“ bedeutet? Er hatte ein spitzes Horn auf seiner Nase und zwei lange Hörner über den Augen.

Mit den Hörnern und dem stabilen Nackenschild verteidigte sich Triceratops bei Angriffen.

Welcher Dino hatte die meisten Hörner?

Insgesamt 15 Hörner hatte der Kosmoceratops. Sein Nackenschild war mit zehn Hörnern verziert. Außerdem hatte er noch ein Horn auf seiner Nase, zwei an seinen Wangen und zwei über seinen Augen.

Wie heißt der klügste Dinosaurier?

Forscherinnen und Forscher untersuchten die Gehirne von Dinosauriern. Bei vielen Sauriern waren sie im Vergleich zum Körper winzig klein. Das Gehirn des Stegosaurus war gerade mal so groß wie eine Nuss. Und das, obwohl er bis zu zehn Meter lang wurde.

Das Hirn von Stegosaurus war nur so groß wie eine Nuss.

Der klügste Dino könnte der Fleischfresser Troodon gewesen sein. Er wurde nur zwei Meter groß. Sein Gehirn hatte dagegen die Größe eines Golfballs. Er war ein hervorragender Jäger. Mit seinen großen Augen konnte er auch in der Nacht genug sehen, um auf die Jagd zu gehen.

Wissensquiz

Was fehlt hier? Setze die richtigen Wörter ein.

Der älteste Dinosaurier war so groß wie ein

_______________. ______________________ ist für

seine Platten auf dem Rücken bekannt. Er war

langsamer als ein _________________.

Das Gehirn von Troodon war so groß wie ein

______________________. Er gilt als ________________

Dino. „Tyrannosaurus Rex“ bedeutet übersetzt

_________________ der Tyrannenechsen.

______________________ war der größte und

gefährlichste Horndinosaurier.

König **Mensch** **Triceratops**

klügster **Stegosaurus** **Hund** **Golfball**

Teste dein Wissen! Kreuze das richtige Kästchen an.

1. Wie klein war Compsognathus?

a) so klein wie eine Erbse ☐
b) so klein wie ein Kakadu ☐
c) so klein wie ein Huhn ☐

2. Wer war der größte Fleischfresser?

a) Spinosaurus ☐
b) Giganotosaurus ☐
c) Tyrannosaurus Rex ☐

3. Wie schnell konnte der schnellste Dino rennen?

a) etwa so schnell wie ein Feldhase ☐
b) etwa so schnell wie ein Strauß ☐
c) etwa so schnell wie ein Gepard ☐

4. Wie viele Hörner hatte Triceratops?

a) 13 ☐
b) 15 ☐
c) drei ☐

Lösungen: Hund, Stegosaurus, Mensch, Golfball, klügster, König, Triceratops
1. c), 2. a), 3. b), 4. c)

Hatten Flugsaurier Federn?

Viele Flugsaurier hatten ein Fell. Es gab aber auch Flugsaurier, die Federn hatten. Zum Fliegen besaßen Flugsaurier eine Flughaut. Diese spannte sich vom vierten Finger bis zur Außenseite der Beine. An den anderen Fingern hatten sie spitze Krallen. Die Knochen waren innen hohl, damit die Tiere möglichst leicht waren.

Die Flugsaurier werden Pterosaurier genannt.

Konnten Flugsaurier laufen?

Kaum zu glauben! Flugsaurier konnten sich auch am Boden gut fortbewegen. Dazu liefen sie auf allen vieren. Vorn stützten sie sich auf ihre drei Krallen, hinten auf die Hinterfüße. Ihre Flügel klappten sie dabei zusammen.

Wie hoben Flugsaurier ab?

Um in die Luft zu gelangen, liefen die Saurier zunächst ein Stück auf allen vieren. Anschließend machten sie – wie ein Frosch – einige Hüpfer und breiteten dann zum Abheben ihre Flügel aus.

Jagten Flugsaurier in der Luft?

Viele Flugsaurier ernährten sich von Fischen. Dazu glitten sie über das Wasser und hielten Ausschau nach Beute. Erspähten sie einen Fisch, packten sie diesen mit ihrem spitzen Schnabel. Die ersten Flugsaurier hatten Zähne, die ihnen beim Festhalten der Beute halfen. Kleinere Flugsaurier jagten Insekten. Diese fingen sie sogar im Flug!

Pteranodon benutzte seinen Schnabel wie einen Kescher und verschluckte den Fisch schließlich.

Wer war der beste Flieger?

Zu den besten Fliegern gehörte Rhamphorhynchus. Wenn er seine Flügel ausbreitete, erreichte er eine Länge von fast zwei Metern. Der lange Schwanz besaß am Ende ein kleines Ruder. Er nutzte dieses zur Steuerung in der Luft. Er war ein geschickter Jäger. Im Tiefflug fischte er Fische aus dem Wasser.

Wer war der größte Flugsaurier?

Der Dracula genannte Saurier war mit zwölf Metern Flügelspannweite der größte Flugsaurier. Dagegen betrug die Flügelspannweite von Quetzalcoatlus etwa zehn Meter. Sein Gewicht wird auf nur etwa 100 bis 200 Kilogramm geschätzt.

Welche Saurier lebten im Wasser?

Im Meer lebten verschiedene Sauriergruppen. Dazu zählten die Ichtyosaurier. Das bedeutet „Fischsaurier“. Viele dieser Tiere hatten Ähnlichkeit mit heutigen Walen. Unter ihrer glatten Haut hatten sie eine dicke Fettschicht, die sie wärmte. Statt Armen und Beinen hatten sie Flossen.

Später entwickelten sich die Plesiosaurier. Einige dieser Tiere hatten einen länglichen Körper und einen langen Hals. Die Mosasaurier lebten in der Kreidezeit. Ihr Maul erinnerte an den Kiefer eines Krokodils.

Plesiosaurier

Ichtyosaurier

Mosasaurier

Welche bekannten Meeressaurier gab es?

Zu den bekanntesten Meeressauriern gehört Liopleurodon. Einer der größten war Kronosaurus. Er wurde bis zu zehn Meter lang. Den längsten Hals hatte Elasmosaurus. Allein sein Hals konnte bis zu sieben Meter lang werden. Mit diesem konnte er auf dem Grund des Meeres nach Futter suchen.

Liopleurodon fing mit seinem Maul mit den scharfen Zähnen Fische, Tintenfische oder andere Meerestiere.

Legten Meeressaurier ihre Eier im Wasser ab?

Die Weibchen der Meeressaurier legten keine Eier. Die Weibchen brachten ihre Kinder – wie Wale und Delfine – unter Wasser lebend zur Welt. Die Babys konnten direkt schwimmen.

Konnten Meeressaurier unter Wasser atmen?

Meeressaurier besaßen keine Kiemen wie Fische, sondern eine große Lunge. Unter Wasser konnten sie nicht atmen. Daher mussten sie immer wieder auftauchen, um Luft zu holen.

Was fraßen die Saurier im Wasser?

Die ersten Meeressaurier ernährten sich von Fischen und Tintenfischen. Größere Meeressaurier jagten auch andere Meeressaurier. Plesiosaurier verspeisten darüber hinaus Muscheln und Krebse. Der Mosasaurus fraß Fische und Schildkröten. Er griff aber auch Flugsaurier an. Witterte er Beute, konnte er blitzschnell aus dem Wasser springen.

Wissensquiz

Was fehlt hier? Setze die richtigen Wörter ein.

Die Flugsaurier hatten ________________ Knochen.

Sie konnten auch auf allen ________________

laufen. Viele Flugsaurier fraßen ________________.

Quetzalcoatlus gehört zu den ________________

Flugsauriern. Elasmosaurus hatte einen besonders

langen ________________. Meeressaurier konnten

nicht unter Wasser ________________.

Sie hatten eine große ________________, aber keine

________________.

Lunge · atmen · vieren · hohle · Kiemen · Hals · Fische · größten

Teste dein Wissen! Kreuze das richtige Kästchen an.

1. Was besaßen Flugsaurier?

a) Schwimmhäute ☐

b) eine Flughaut ☐

c) eine Hornhaut ☐

2. Wie groß war die Flügelspannweite des größten Flugsauriers?

a) zwölf Zentimeter ☐

b) zwölf Meter ☐

c) fünf Meter ☐

3. Wie konnten die Flugsaurier abheben?

a) Sie liefen auf allen vieren und hüpften dann. ☐

b) Sie rannten auf zwei Beinen. ☐

c) Sie liefen bergab. ☐

4. Wie vermehrten sich Meeressaurier?

a) Sie legten an Land Eier ab. ☐

b) Sie legten im Wasser Eier ab. ☐

c) Sie bekamen lebende Junge im Wasser. ☐

Lösungen: hohle, vieren, Fische, größten, Hals, atmen, Lunge, Kiemen
1. b), 2. b), 3. a), 4. c)

Woher weiß man, dass die Dinosaurier lebten?

Noch nie hat ein Mensch einen echten Dinosaurier gesehen. Seit dem Zeitalter der Dinos sind viele Millionen Jahre vergangen. Doch an vielen Orten der Welt hat man Skelette, Knochen, Fossilien, Zähne oder Fußabdrücke von Dinos gefunden. Alle diese Funde sind Beweise dafür, dass sie wirklich lebten!

Fossil eines kleinen Flugsauriers

Was sind Paläontologinnen und Paläontologen?

Paläontologinnen und Paläontologen beschäftigen sich mit Tieren und Pflanzen, die in der Vergangenheit auf der Erde lebten. Sie graben Fossilien und andere Überreste von Lebewesen aus und untersuchen die Gesteinsschichten der Fundstücke.

Was ist ein Fossil?

Ein Fossil ist ein Überrest oder eine Spur eines Lebewesens, das vor mehr als 10 000 Jahren gelebt hat. Normalerweise werden tote Tiere von anderen Lebewesen aufgefressen oder durch Bakterien zersetzt. Wenn diese allerdings von Schlamm, Sand oder Lehm bedeckt werden, bleiben sie länger erhalten. Aus den Schichten entsteht mit der Zeit Stein und aus den Knochen eine Steinkopie.

Wo wurde das erste Fossil gefunden?

Das erste Fossil von einem Dinosaurier wurde 1809 in Südengland gefunden. Es war ein Teil eines Schienbeins. Der Saurier erhielt später den Namen Iguanodon.

Das erste gefundene Fossil stammte von Iguanodon.

Was passiert mit den Funden?

Zuerst werden die Funde vorsichtig ausgegraben. Im Labor werden sie gereinigt und untersucht. Ein ganzes Skelett wieder aufzubauen, ist wie ein schwieriges Puzzlespiel. Wenn Knochen fehlen, werden künstliche Knochen eingefügt. Die meisten Funde werden in einem Museum ausgestellt. Bis dahin vergehen aber oft Jahre.

„Sue“, das vollständigste echte Skelett eines T-Rex, steht in einem Museum in Chicago.

Was verraten Fossilien?

Fossilien zeigen, welche Tiere und Pflanzen es früher gab. Die Gesteinsschicht, in der sie liegen, verrät, wie alt die Funde sind. Bei einigen Dinos fand man sogar versteinerte Reste der letzten Mahlzeit im Magen. So erfuhr man, was diese Tiere fraßen.

Welche berühmten Forscher gab es?

Othniel Charles Marsh (1831–1899) und Edward Drinker Cope (1840–1897) sind bekannt für einen erbitterten Streit. Zunächst arbeiteten sie gut zusammen. Doch dann vertauschte Marsh beim Zusammensetzen eines Elasmosaurus den Hals mit dem Schwanz und setzte den Kopf des Tieres an das Ende des Schwanzes. Es kam zu einem großen Streit und beide Forscher arbeiteten von nun an allein.

Gab es auch Forscherinnen?

Die bekannteste Sammlerin von Dino-Fossilien war Mary Anning (1799–1847). Schon mit zwölf Jahren fand sie das Skelett eines Ichthyosaurus am Strand.

Ein Fund Annings im Museum

Wissensquiz

Was fehlt hier? Setze die richtigen Wörter ein.

Ein Fossil ist eine ________________.

Paläontologinnen und Paläontologen erforschen die ________________ von Tieren und Pflanzen.

Die Gesteinsschicht, in der ein Fossil gefunden wurde, gibt Auskunft über das ____________.

Das vollständigste echte Skelett eines T-Rex heißt ____________. Skelette von Dinos werden häufig in einem ____________ ausgestellt. Othniel Charles Marsh verwechselte den Hals eines Elasmosaurus mit dem ________________.

Steinkopie | Sue | Schwanz | Museum | Überreste | Alter

Teste dein Wissen! Kreuze das richtige Kästchen an.

1. Wie alt ist ein Fossil?

a) älter als 10 Jahre ☐

b) älter als 1000 Jahre ☐

c) älter als 10 000 Jahre ☐

2. Was machen Paläontologinnen und Paläontologen?

a) Sie graben Knochen, Zähne oder Fossilien aus. ☐

b) Sie drehen Filme über Dinos. ☐

c) Sie stopfen Tiere aus. ☐

3. Von wem stammt das erste gefundene Fossil?

a) von T-Rex ☐

b) von Brachiosaurus ☐

c) von Iguanodon ☐

4. Wo wurde das erste Fossil gefunden?

a) in Südengland ☐

b) in Nordengland ☐

c) in Süditalien ☐

Lösungen: Steinkopie, Überreste, Alter, Sue, Museum, Schwanz
1. c), 2. a), 3. c), 4. a)

Warum starben die Dinosaurier aus?

Vor 66 Millionen Jahren starben die Dinos aus. Es gibt verschiedene Vermutungen, warum sie nicht mehr leben. Die meisten Forscherinnen und Forscher sind heute der Meinung, dass die Dinosaurier ausstarben, weil ein großer Meteorit in die Erde einschlug.

Wahrscheinlich starben die meisten Dinos nach dem Einschlag eines Meteoriten aus.

Verschiedene Arten waren aber vermutlich schon vor dem Einschlag verschwunden. Tierarten verändern sich nämlich mit der Zeit. Das nennt man Evolution. Und zur Evolution gehört auch, dass einige Tiere aussterben und sich dafür neue entwickeln.

Was ist ein Meteorit?

Ein Meteorit ist ein fester Körper aus dem Weltall. Er zählt zu den Gesteinen. Kleine Meteoriten verglühen, wenn sie in die Erdatmosphäre eintreten. Die Erdatmosphäre ist die Hülle aus Gasen, die unsere Erde umgibt. Größere Meteoriten, die nicht verglühen, können auf die Erde einschlagen. Durch den Aufprall entsteht ein Loch, das Krater genannt wird.

Wo schlug der Meteorit ein?

Man vermutet, dass für das Aussterben der Dinos ein bestimmter Meteorit verantwortlich ist. Im heutigen Mexiko gibt es ein riesiges Kraterloch. Bohrungen ergaben, dass dieser Krater vor 66 Millionen Jahren entstanden sein muss.

Der Meteorit schlug im heutigen Mexiko ein.

Wie groß war der Meteorit?

Der Meteorit hatte vermutlich einen Durchmesser von zehn bis 15 Kilometern. Durch seinen Aufprall entstand ein Loch, das gigantische 180 Kilometer Durchmesser hatte.

Was passierte nach dem Einschlag?

Es wurden riesige Mengen an Trümmern und Staub in die Luft geschleudert. Viele Gesteinsbrocken gelangten in die Erdatmosphäre und fielen als glühende Teile wieder auf die Erde zurück. Es kam zu Bränden. Außerdem kam es durch die Erschütterung zu Vulkanausbrüchen. Die Sonne kam durch die Rußschicht kaum noch durch und es wurde dunkel und kälter.

Auf den Einschlag des Meteoriten folgten Brände, Vulkanausbrüche und Dunkelheit.

Welche Dinos starben zuerst aus?

Die Dunkelheit dauerte mehrere Jahre. Nach und nach verschwanden fast alle Pflanzen. So fanden die pflanzenfressenden Dinos kein Futter mehr. Sie starben zuerst. Schließlich hatten auch die Fleischfresser keine Nahrung mehr und verhungerten.

Die Pflanzenfresser starben zuerst, während sich aus anderen Dinos die Vögel entwickelten.

Gab es Tiere, die überlebten?

Zur Zeit der Dinosaurier gab es auch andere Tiere. Viele starben mit den Dinos, darunter viele Meerestiere. Hast du gewusst, dass viele kleinere Arten verschiedener Tiergruppen überlebten? Dazu zählen Säugetiere, Krokodile, Schlangen, Frösche und Vögel. Sie kamen mit den veränderten Bedingungen besser zurecht.

Welche Dinosaurier lebten wann? Übersicht über das Zeitalter der Dinos

Trias

Es gab noch keine Kontinente, sondern eine zusammenhängende Landmasse: Pangäa. Es war heiß und trocken.

Herrerasaurus

Eoraptor

Coelophysis

vor ca. 250 bis 200 Millionen Jahren

Jura

Pangäa brach auseinander. Es bildeten sich zwei Landflächen mit Meeren dazwischen. Es war warm und feucht. Es wuchsen immer mehr Pflanzen.

Stegosaurus

Brachiosaurus

vor ca. 200 bis 145 Millionen Jahren

Kreide

In der Kreidezeit entstanden weitere Kontinente, die schon ähnlich aussahen wie heute.

Das Klima war mild und es regnete häufig. Große Flächen waren von Wasser bedeckt.

Quetzalcoatlus

Parasaurolophus

Ankylosaurus

Triceratops

Tyrannosaurus Rex

Deinonychus

Argentinosaurus

Spinosaurus

vor ca. 145 bis 66 Millionen Jahren

Gibt es heute noch Dinos?

Die heutigen Vögel haben sich aus den Dinos entwickelt und zählen streng genommen zu den Dinosauriern. Der Fuß des T-Rex hat viel Ähnlichkeit mit dem Fuß eines Vogels. Er hat drei Zehen, die nach vorn zeigen, und eine Zehe, die nach hinten gerichtet ist. Außerdem hatten einige Dinos Federn, und genau wie Vögel legten sie Eier.

Sind Krokodile mit den Dinos verwandt?

Krokodile und Dinosaurier sollen gemeinsame Vorfahren gehabt haben – die Archosaurier.
Der Schädel von einigen Dinosauriern hatte viel Ähnlichkeit mit dem Schädel eines Krokodils.

Wie entwickelten sich aus den Dinos die Vögel?

Die Entwicklung von den echsenartigen Dinosauriern zu Vögeln ging sehr langsam. Sie dauerte mehrere Millionen Jahre. Es wird vermutet, dass sich in der Zeit des Jura die ersten Vögel entwickelten.

Archaeopteryx trägt auch den Namen „Urvogel“.

Eine Übergangsform zwischen einem Dinosaurier und einem Vogel ist der Archaeopteryx. Er hatte Federn und Flügel wie ein Vogel. Wahrscheinlich konnte er auch fliegen. Sein langer Schwanz und sein Schnabel mit den Zähnen erinnerten eher an einen Dinosaurier.

Wissensquiz

Was fehlt hier? Setze die richtigen Wörter ein.

Schlägt ein Meteorit auf die Erde ein, entsteht ein ______________. Nach dem Meteoriteneinschlag verdunkelte sich der ______________. Es wurde dunkel und ______________. Zuerst starben die ______________. ______________ sind mit den Dinosauriern verwandt. Archaeopteryx trägt auch den Namen ______________. Die ersten Vögel entwickelten sich zur Zeit des ______________.